LE MINISTRE.

LE MINISTRE.

. . . . et celsæ graviore casu
Decidunt turres. . . . .
(HORAT. Lib. II, od. x)

PARIS,

HIVERT, Libraire, rue des Mathurins-St.-Jacques, n° 18.
DELAFOREST, Libraire, rue des Filles-St.-Thomas, n° 7.

1826.

TABLE.

A MONSIEUR

LE COMTE DE***,

MEMBRE DE LA CHAMBRE DES DÉPUTÉS.

MON CHER COMTE,

« Qu'est-ce que je vois? un ministère qui est tout et une nation qui n'est rien; un trône en l'air sur deux Chambres en l'air; au dessous, une multitude inquiète. » (1)

Ainsi s'exprimait un publiciste célèbre : et les évènemens asservis ce semble à ses prévisions, se sont empressés de les transformer en réalités.

Qu'existe-t-il? plus que jamais, le ministère est tout et la nation n'est rien; plus que jamais, la terre d'espérance se charge d'une multitude inquiète.

L'astucieuse impéritie n'a travaillé qu'à refouler l'amour dans les cœurs, qu'à expulser la foi hors des esprits : sous ce trône en l'air, sous ces Chambres en l'air, de jour en jour s'opère le vide.

L'opinion s'écarte et s'égare; il faudra recourir à la force. Mais ses élémens sont-ils isolés, sont-ils préservés de la contagion? comment répondront-ils à l'appel?

---

(1) Essai sur la Propriété, par M. Bergasse, pag. 154.

L'opinion ploie encore : mais son ressort indomptable doit réagir avec d'autant plus de violence ; il ne manque que l'occasion.

Telle est, mon cher Comte, la pensée qui me possède : et plus ou moins vivement, elle vous agite, vous tourmente vous-même, ainsi que toute la France.

L'état de crise est unanimement senti : il n'y a de dissidence qu'à l'égard de sa cause, de son remède.

Et j'ose le dire. Vos amis s'accorderaient avec nous, sur la cause, si ce n'était que la cause étant reconnue, le remède serait indiqué par cela même, et qu'un grand nombre d'entre eux, ne voulant point ou n'osant point appliquer le remède, ferment les yeux.

Quant à nous, il nous suffit de remarquer quel essaim de mécontens, est comme sorti de terre, sur les routes ouvertes par le ministre, depuis les points de départ de Cadix et du nouveau règne ; époques fortunées où la race en semblait éteinte.

Le fait est palpable : et les bouches qui le nient, les consciences qui se le dissimulent, sont comprimées par l'effroi d'un changement dans l'administration.

Ceux-ci prétendent que la majorité n'appartiendrait pas à un autre ministère, ignorant qu'à son avènement, la majorité actuelle se briserait sur l'heure, se reforgerait en sens inverse.

Ceux-là s'imaginent que tel ministère sortirait des voies du royalisme, oubliant qu'il serait dominé par l'impulsion donnée et contenu sous les lignes gardées par le trône et les Chambres.

A mes yeux, mon cher Comte, le charme ineffable qui

s'attache à tout ministère futur, consiste uniquement en ce qu'il soit nouveau, en ce qu'il soit autre que le ministère existant; sa valeur n'est que relative.

Peut-être ne doit-il pas accomplir des espoirs généreux; peut-être doit-il amener des chances périlleuses! Que m'importe? le remède aura coupé le cours d'un mal invétéré, et la nature aura repris ses forces pour s'opposer à l'invasion d'un mal naissant.

Où sommes-nous? où allons-nous?

Depuis deux années j'ai saisi toutes les occasions pour éclairer cette question : il convient maintenant de l'envisager d'un point plus élevé, sous des faces plus étendues.

Je n'attaque point le ministre en sa personne, étant convaincu qu'il est intègre et même en ayant du regret, car l'intérêt matériel est plus traitable que la vaine idée.

Je le condamne seulement en ses œuvres, voulant démontrer que leur conception est toujours fausse, que leur exécution n'est jamais loyale.

Je laisse l'homme : je poursuis le système.

Mais le système est comme un rets immense, dont toutes les mailles sont enlacées : chaque acte de tel ordre qu'il soit, en fait partie intégrante, inhérente. Les lois même sont frappées de ce caractère; et, par fois, leur égide ne s'élève qu'afin de couvrir les endroits les plus faibles.

La pensée se voit donc forcée de percer et sonder jusque dans les fondemens de l'édifice légal, qu'il y a moyen de reprendre en sous-œuvre, tant que nous ne serons pas écrasés sous ses ruines.

Je n'ai à me justifier, ni sur ce point, ni sur aucun

autre. Ceux-là qui déplorent l'indemnité telle qu'elle est, qui réprouvent les trois pour cent, comme ils vont, prendront sans doute la charge de me défendre contre toute inculpation.

S'ils n'écoutoient pas jadis, ils entendent maintenant : la vérité, révélée par les faits, a forcé les entrées de leur intelligence. Et elle reviendra à la charge ; elle fera main-basse sur les sophismes ; elle enlèvera, enchaînera tous les esprits.

Ne vaudrait-il pas mieux lui rendre les armes, rentrer sous ses drapeaux, et d'une telle ennemie se faire une protectrice ?

Vous partagerez peut-être ma conviction, mon cher Comte · et, dans tous les cas, nos rapports de parenté et d'amitié me garantissent que vous apprécierez mes intentions.

Veuillez accueillir l'expression des sentimens les plus vrais.

D. L. G.

LE MINISTRE.

LE MINISTRE.

A quoi tiennent les destinées d'un peuple!

En 1820, la tendance des élections était libérale, l'envahissement de la Chambre se faisait craindre, des mouvemens populaires semblaient y préluder. Un nouveau mode d'élection est jeté comme la planche de salut : mais telle est l'épouvante, ou plutôt l'abattement, que les plus téméraires n'osent s'aventurer à la saisir. Il y a un long intervalle de stupeur, de torpeur : députés et ministres sont également pétrifiés. Est-ce de la cime des bancs que doit advenir le secours? Non, ce sera du centre même. La motion se voit reprise, soutenue tant bien que mal, et adoptée à la hâte. Les suites en sont connues : des deux héros de ce jour mémorable, l'un ne doit plus rentrer dans l'enceinte sacrée, l'autre ne doit plus reparaître à la périlleuse tribune. Mais, la France est sauvée.

En 1821, autre temps, autre scène. L'éloquence éclate et tonne à la première occasion qui lui soit donnée ; et sa parole est d'autant plus véhémente, qu'elle ne s'attend nullement à être réfléchie des voûtes de la salle jusqu'au pied du trône : les échos l'ont servi cette fois. On voit les deux sommités opposées, s'incliner l'une vers l'autre par un de ces mouvemens convulsifs aussi rares dans la société que dans la nature, et se joindre, se confondre, au moins en apparence. Sous cette voûte compacte, les ténèbres se font, la peur travaille, l'ennemi fuit sans coup-férir : la France est encore sauvée. Mais que ce peuple est donc ingrat ! Il ne faut pas un an avant que le nouveau Manlius soit exilé, avant que ses bandes auxiliaires soient écharpées.

Or, à la suite d'un orage violent qui a bouleversé tous les élémens, quand un rayon de soleil vient à percer la nue, quand l'arc-en-ciel apparaît, chacun tombe à genoux, rendant grâces à la Providence, et reprenant gaîment le cours de ses travaux, où ne l'abandonneront plus l'espérance et la foi.

Un homme existe : sa conduite fut noble et loyale ; des talens éminens dédaignèrent de se soumettre à la verge impériale ; l'honnête aisance n'envia pas le faste insolent. Sa contenance est simple et modeste ; un caractère circonspect, insinuant, conciliant, ne lui laissent pour ennemis que ses rivaux. Peut-être l'intrigue et la finesse le dirigent-elles déja : mais rien ne les décèle, ou du moins ne les dénonce ; et les importans services qu'ont rendus la sagacité de l'esprit, la facilité de la parole, dissimulent et compenseraient des torts encore plus marquans.

Sa nomination est universellement applaudie. Le trait de feu qui fut lancé de la tribune, avait blessé plutôt qu'éclairé des yeux peu accoutumés à fixer le grand jour : quelque clarté plus douce leur est mieux appropriée.

L'homme reçoit l'ordre d'indiquer ses collègues : il appelle et rallie autour de lui trois personnes recommandables par l'éclat des vertus, par la gloire des armes, par la pureté de la vie, dont les deux premiers au moins se sont montrés dignes du suffrage de notre roi, en s'élevant contre les plans de son ministre.

Que fera-t-il de lui-même ? Personne n'est tenté de le deviner. La justice, la guerre, la marine, sont des ministères chargés d'exercer telle et telle fonction de l'être social ; ils exigent des connaissances spéciales. Les affaires étrangères représentent l'Etat dans ses rapports avec les nations. Ce rôle est beau à jouer; la prééminence semble lui être décernée.

Mais il n'y a qu'un ministère, à proprement dire, parcequ'il n'y a qu'une administration générale et permanente, celle de l'intérieur. C'est le cœur de ce vaste corps, où réside le principe vital, d'où se dispense la force à chacun des membres. Et quand l'anarchie et l'arbitraire ont troublé le mécanisme et déréglé les mouvemens, quand une puissance centrale se trouve indispensable pour préparer une nouvelle organisation, ce ministère est tout. Peut-être que le génie aurait dû le pressentir.

Il ne reste à prendre que les finances. Et qu'est-ce?

En France, dans toute l'Europe, la gestion des finances n'avait jamais constitué un ministère, et ne semblait qu'une agence des services de l'Etat, qu'une régie des recettes et des dépenses : il s'agissait seulement de pourvoir à leur balance, de tenir les comptes en règle; un contrôleur-général, un chancelier de l'échiquier, remplissaient cette charge. Au-dessus de leurs fonctions, des attributions majeures étaient réservées au conseil des finances et aux lords de la Trésorerie.

Le siècle en ordonne autrement. Il aurait dû au moins définir les mots et discerner les finances, de la finance. On ne peut ennoblir celle-ci, la rétablir dans l'opinion; mais, quant aux finances, il y avait moyen de leur conférer un titre légitime de suprématie : la seule condition était d'en entendre, d'en étendre le sens.

Les finances, généralement parlant, embrassent, en premier lieu, l'économie politique, l'industrie rurale et commerciale, la richesse publique et privée; en second lieu, la conception et la perception de l'impôt; troisièmement, le mouvement des caisses et la tenue des comptes; quatrièmement, le crédit, ou le jeu des fonds publics, ou l'agiotage.

Et c'est ce département dont l'homme fait choix; et, plutôt que de relever les finances à la hauteur de son génie; il rapetisse et ravale son talent jusqu'à la finance; et c'est sur le bourbier de l'agiotage qu'il entend asseoir et fixer le siége du président du conseil.

De ce jour même, il est jugé, condamné, proscrit; de ce jour, la mémoire se dépouille de tant de souvenirs, et l'imagination avorte en toutes ses espérances. L'homme apparaît à nu.

Deux signes caractérisent l'aberration des facultés intellectuelles, soit de fuir et reculer devant les destinées qui nous poursuivent, soit de franchir et dépasser les barrières que nous impose la nature des choses. Il serait triste que le même être eût été entraîné, en une courte période, à donner, sous l'un et l'autre rapport, l'exemple le plus éclatant, le plus foudroyant.

Quoi qu'il en soit, le ministre s'est fait chef de la finance ; et, sauf quelques excursions peu chanceuses dans le haut domaine attribué aux finances, il ne doit plus en émaner que du 3 et du 5, de la hausse et de la baisse, des réductions et des conversions.

Il convient d'abord de suivre le ministre dans ses promenades, en dehors du parquet poudreux de la Bourse, sur les vastes possessions de l'économie politique.

Un droit d'entrée sur les bestiaux est inventé et bientôt perfectionné. La haine et l'aigreur sont ainsi suscitées chez les peuples voisins; la loi du talion se voit mise en pratique; les barrières fiscales se resserrent des deux bords; la civilisation européenne rétrograde. Pour notre industrie, il y a une perte de cinquante millions; pour le trésor, il y a un encaisse de quelques cent mille francs; pour l'agriculture, ni dommages ni bénéfices n'en adviennent, puisque le prix reste le même; des primes d'encouragemens, des fermes de modèle la servaient mieux.

Et tout-à-coup foulant aux pieds l'intérêt rural après l'avoir gratifié de cette illusoire faveur, le ministre exagère le droit d'entrée sur les fers, au point d'en empêcher l'introduction. Il ignore, sans doute, que, sans porter en compte les représailles exercées au détriment du commerce; ce droit se résout, d'une part, en une prime d'indolence et d'impéritie décernée aux forgerons en grand; de l'autre, en une taille infligée aux agens de l'agriculture, en une surcharge imposée à la valeur vénale de ses produits.

Les colonies se présentent sous le titre du malheur, qu'il soit ou ne soit pas mérité. Le monopole leur est alloué pour la fourniture des sucres; la France paiera une plus value de cinq sous par livre; elle paiera une somme annuelle de 25 millions : et de plus, il lui en coûtera 15 millions pour les protéger sur terre et sur mer, tandis que la balance réelle provenant du commerce n'excèdera pas 10 millions.

Or, les colonies n'y peuvent gagner, que de languir quelques jours de plus. L'arrêt fatal est porté : des sols vierges, des bras libres combattent contre elles. Payez-les plutôt pour ne point travailler, pour ne rien produire; car le coût de fabrique n'est pas couvert par le prix de vente. Rendez-leur la liberté; ce serait mieux encore : l'émancipation les formera peut-être, ou du moins déchargera le tuteur de tous ses devoirs. Et la France ne jettera plus dans l'abîme, 30 millions par an, pour conquérir le droit de tenir à la chaîne un monde de chrétiens.

Maintenant le ministre va pénétrer dans le

champ de l'impôt, non pas pour apprécier la nature du sol, pour simplifier les procédés du labour, pour combiner un meilleur assolement. La semence y fut jetée à profusion, et les saisons ont favorisé la végétation; il s'agit seulement de sarcler, d'éclaircir les moissons naissantes pour ne pas appauvrir la force productrice.

Nul doute ne s'ingère en sa pensée : l'impôt foncier sera dégrevé une fois, deux fois, trois fois peut-être. Les Chambres sont composées de propriétaires, et les propriétaires disposent des élections; en outre, un moindre nombre d'électeurs commande moins de frais, impose moins de risques. Odieux ou non, ignobles ou non, ces seuls motifs éteignent la réflexion, étouffent la discussion.

Il faut remonter aux principes. La France est un pays agricole; la terre est l'enfant favori de l'État; la terre a le droit d'aînesse. Que l'enfant nourrisse son vieux père; que l'aîné protège ses cadets : tout doit s'y faire pour et par la terre.

L'étendue est immense et la population éparse; les fortunes sont chétives, les esprits ignares, les caractères récalcitrans; l'impôt indirect subira d'autant plus de faux frais, causera d'autant plus de pertes sèches, et sa charge ainsi aggravée, tombera immédiatement, retombera indirectement sur le propriétaire, le fermier, le laboureur.

En Angleterre, dont l'exemple ne nous est jamais applicable qu'à l'aide des anachronismes, la *land-tax*, presque nulle à présent et depuis long-temps invariable, fournissait la moitié du revenu de l'Etat, dans des temps peu éloignés; et, en y ajoutant le droit de dîme et la taxe des pauvres qui grèvent également la culture, on trouvera qu'en ce moment même la terre y est chargée autant et plus qu'en France.

Il est faux que l'impôt foncier atténue les ressources, entrave les progrès de l'agriculture; l'impôt pèse sur le propriétaire et non sur le fermier; l'impôt est soustrait au revenu rural et non pas aux profits agricoles. Si la consommation est réduite par l'impôt foncier, elle est réduite de même par l'impôt indirect, et c'est à un plus haut degré.

Lorsqu'il passera par la tête de quelque ministre contingent, de soigner les intérêts de l'Etat plutôt que les intrigues du scrutin, et de servir les besoins vitaux de la propriété au lieu de flagorner les aveugles penchans du propriétaire, un pas de géant le fera atteindre presque aussitôt à ces fins légitimes.

Il n'y a point de limites en France à la production des laines et des lins; et il y a autant de travail dans leur fabrication que dans celle des cotons. Frappez donc l'introduction de ceux-ci d'un droit considérable. Vous augmentez les rentrées du fisc, vous augmentez les produits du sol, et l'industrie n'y perd rien dans ses emplois. Tout milite dans ce sens, jusqu'aux vœux du consommateur qui ne sera plus obligé d'aller se vêtir en Macédoine, au premier signal de guerre.

Voulez-vous faire mieux : abolissez en entier, comme l'exemple vous en est donné par votre maître d'école de l'autre bord du détroit, cette taxe exorbitante de trente et vingt fois la valeur réelle, qui pèse sur les sels, sur cette matière féconde en services de toutes sortes, dont l'industrie rurale peu à peu devenue plus active et plus habile, appliquerait l'emploi à l'amélioration des terres, à l'éducation des bestiaux, au perfectionnement des laines; en sorte que, dans la caisse du revenu agricole, le paiement de cinquante millions qu'elle continuerait à verser au Trésor serait remplacé bientôt avec usure.

Mais c'est au sujet de la comptabilité que le ministre a réservé tout l'artifice de son savoir-faire. Et, en effet, il y a merveille à s'être fait tant d'honneur de l'opération la plus facile et la plus fâcheuse.

Un sort malin veut depuis long-temps que les récoltes arrivent avant l'hiver et que la saison des glaces arrête le travail des champs : de là l'usage a prévalu généralement de ne convoquer les élus du peuple qu'en décembre ou janvier. L'année fiscale est entamée ; le service menace d'être suspendu. Il faut de nécessité proroger les impôts pour quelques mois et voter quelques millions à valoir.

Or, cela fait du provisoire. Savez-vous bien ce que c'est, savez-vous où il y en a et où il n'y en a pas ; savez-vous seulement si de cette existence essentiellement provisoire, dont la vanité de l'homme s'est créé comme une sorte de vie, il peut émaner autre chose que tel et tel acte plus ou moins provisoire ? Nous n'en savons rien : agissons donc.

Mais l'Angleterre, aussi riche de génie que de fortune, marche tant bien que mal, depuis des siècles, dans les ornières du provisoire.

Mais c'est à l'aide de cette méthode que le Parlement obtient la certitude de connaître, en mars ou avril, le bilan positif des recettes et dépenses du dernier exercice.

C'est à l'aide de cette méthode, qu'il s'arroge le droit d'apprécier les besoins et les moyens de l'année courante avant que de déterminer leur balance, et s'épargne la corvée d'approuver après coup, telle augmentation de besoins ou telle atténuation de moyens qui se faufilent souvent entre le chiffre idéal et le chiffre réel.

C'est à l'aide de cette méthode qu'il consolide et perpétue le privilége à lui conféré par les lois du pays, d'être appelé et assemblé une fois par an, au plus tard en février ou en mars, à l'effet d'assurer le service de l'exercice ouvert.

Rien n'arrête. Voyez comment chaque orateur, qui ne savait que dire, en a dit sur le provisoire ; voyez comment chaque administration, qui du reste savait tout faire, n'a rien fait quant au provisoire. C'était un sort, un enchantement; il n'appartenait de le lever qu'à la baguette du ministre.

Pour les gens qui vont au fait, il n'y a rien, absolument rien, en tout ce qui est conté et raconté à l'égard de la liberté de la presse. Les prémisses sont justes ; personne ne les dénie : seulement les conséquences sont vaines ; le sort a mis néant à la requête.

Les mauvais livres pervertissent l'esprit humain : mais c'est donc que l'esprit humain veut lire ; et comment tuer sa volonté, comment lui dérober l'occasion ?

Vous bornez-vous à la censure des livres nouveaux ? Ce ne sont pas les plus dangereux : le génie manque, même pour le mal ; la renommée ne les a pas choyés sous ses ailes.

Essayez-vous de prohiber les réimpressions ? Le temps a pris trop d'avance ; des dix mille, des cent mille exemplaires courent le monde : il faudrait fouiller toutes les maisons, vider toutes les poches.

Or, les tentatives impuissantes déterminent des

réactions efficaces. Nul ne résiste à goûter du fruit défendu ; la fraude porte l'attrait, enfante le penchant. L'esprit se blasait ou se distrayait : que n'attendiez vous ?

Semblables à l'astrologue de la fable, votre regard se perd dans les nues et la lumière n'éclaire plus vos pas : vous entreprenez ce qui ne se peut ; vous négligez ce qui se doit.

Brûlez tous les mauvais livres : à quoi cela servira-t-il, si les mauvaises paroles ne s'évaporent pas, si les mauvais exemples ne s'évanouissent pas, au même instant ? Leur influence est bien autrement perverse : les uns entachent l'esprit, les autres dépravent l'âme.

Il faudrait étendre l'œuvre : dans les lois, que la morale soit mise en action ; dans les choix, que l'intrigue ne prévale pas sur le mérite ; dans les discours, que le sophisme n'étouffe pas la raison ; dans les actes, que la duplicité ne remplace pas la loyauté.

Voilà comment se fait ou se refait une société. Il est seulement requis qu'au préalable le ministère même soit fait ou refait, de manière à garantir l'accomplissement de ces fins.

Mais s'il en est ainsi, souffrez la manifestation de l'opinion ; puisqu'elle n'aura plus qu'à s'épancher en éloges, qu'à se confondre en actions de grâces, juste et digne encouragement pour les bienfaiteurs de l'humanité.

Et s'il n'en est pas ainsi, souffrez la manifestation de l'opinion, afin que son contrôle répande la clarté, et que son blâme porte la crainte; afin que la cause s'instruise, que l'arrêt se prépare.

Doutez-vous encore? hésitez-vous encore? Vous allez céder au plus fort de tous les argumens. La liberté de la presse est odieuse au ministre; comme dans l'hydrophobie, son aspect seul, sa simple apparition, suffit pour déterminer un paroxisme.

Or, il ne la hait point par respect pour la religion et les mœurs; car les poursuites ont été trop rares contre les livres et brochures; et les articles de journaux ont été autorisés par le silence, jusqu'au moment où leur masse sembla donner ouverture à un procès de tendance.

Il ne la hait point par amour pour la monarchie et pour l'ordre public; car, autant que la mémoire se le rappelle, nulle instance n'a été provoquée sous ce rapport.

S'il la hait, c'est seulement à l'égard de sa personne, de sa puissance : et ceux qui ne portent foi ni à l'infaillibilité de l'une, ni à l'inamovibilité de l'autre, doivent l'aimer par cela même.

Telle est la seule cause qui ait pu l'induire à

chicaner contre les droits évidens de *l'Aristarque*, à tramer contre *la Quotidienne* l'intrigue la plus ignoble et la plus atroce, à s'approprier avec les fonds du Trésor plusieurs journaux royalistes.

La haine le possède au point de lui faire oublier et compromettre ses intérêts bien entendus.

Il avait dit, le 12 février 1822 : « S'il ne restait que deux journaux, il y en aurait un dans le sens de l'opposition...... En réduisant le nombre des journaux, vous concentrerez les abonnemens ; vous ne diminuerez pas le nombre des lecteurs. »

Cependant deux journaux possédaient la prééminence, disposaient d'une immense autorité : et s'il n'y avait moyen d'éteindre la lumière de ces astres, de l'étouffer sous les ténèbres, la seule ressource était d'allumer d'autres flambeaux, d'en projeter et croiser les ombres, pour obscurcir leur éclat.

La politique commandait de favoriser les entreprises rivales, de les susciter et protéger en quelque sens que ce fût, d'appliquer à cet emploi les fonds vainement enfouis dans l'achat de ces feuilles, dont la prostitution ne devait pas rétablir une réputation déja perdue.

La haine s'y refuse.

Et elle s'emporte plus loin peut-être : elle foule aux pieds les engagemens contractés à la tribune, les obligations imposées par la loi.

Le ministre s'exprimait ainsi en 1822 : « Les pouvoirs consacrés par la Charte seraient compromis, si les journaux étaient remis à la discrétion d'un d'entr'eux.... Le ministère a pensé que le moment était venu de chercher exclusivement dans les lois pénales des moyens de protection..... L'autorisation étant irrévocable, ne peut entraîner les conditions honteuses d'une vente d'une soumission aux caprices du gouvernement...... Le ministère compte que l'usage qu'il fera de la loi sera approuvé par l'opinion publique... »

Or, chacun sait comment il n'y a pas de journaux à la discrétion du pouvoir ministériel, comment il n'y a pas eu de conditions honteuses dans leur vente, comment il n'a été cherché que dans les lois pénales des moyens de protection, comment enfin le ministre, dans l'usage qu'il a fait de la loi, a été approuvé par l'opinion publique.

Il était impossible de mieux dire, impossible de faire pis, car tous les actes ont été opérés à rebours des paroles.

Ensuite, on entendit les ministres des finances et de l'intérieur s'interpréter l'un et l'autre, et corroborer leurs paroles respectives.

(Premier ministre.) « L'article 1er n'a été mis dans la loi que comme moyen d'exécution de la précaution fondamentale qui a été admise dans l'article 3, contre l'insuffisance des mesures prises dans la précédente loi.... Je m'explique : cet article fournit le seul moyen efficace de répression, par la suspension et la suppression des journaux, dans les cas que l'article 3 a prévus. »

(Second ministre.) « On a dit que grâce à la combinaison de l'article 1er avec l'article 3, il ne resterait bientôt plus aucun journal de l'opposition. Apparemment on ne compte pas beaucoup sur la générosité du gouvernement, sur le juste sentiment qu'il doit avoir de ses forces, sur la certitude où il doit être que l'opposition est inhérente au système représentatif. »

Sans doute ces éclatantes protestations de générosité et du juste sentiment de ses forces, furent débitées au compte particulier de l'orateur; et pour lors, c'est à peine si sa conduite subséquente se trouve en droit de les dénier.

Quant au ministre en chef, il advient, non par l'effet de ses phrases, mais par le résultat de ses actes, 1° que la précaution fondamentale de la loi est à peu près tenue en oubli, tandis que le moyen d'exécution se voit de plus en plus mis en vigueur; 2° que les journaux, au lieu d'être réprimés par leur suspension ou leur suppression, sont étouffés avant de naître, par le refus d'autorisation; 3° que l'article 3, qui faisait le fond de la loi, n'est plus dans la loi, et qu'en revanche l'article 1er, qui n'était que pour la forme dans la loi, fait toute la loi.

Ou le ministre s'est trompé en parlant, ou il a trompé en agissant. Choisissez.

C'est la monnaie du maréchal de Turenne. Ce seul mot établit l'excellence du système représentatif, parcequ'il en démontre la nécessité. En d'autres lieux, ce système peut donner l'essor au bien; de nos temps, il doit opposer une digue au mal. La plaie dévore et consume, faudrait-il repousser le remède?

Turenne meurt: le grand homme s'éteint pour ne renaître jamais de ses cendres. Une semblable fatalité se rencontre dans la marche progressive de la civilisation: à chaque pas qu'elle fait en avant, on voit s'appauvrir le génie, s'affaiblir le caractère, s'amollir la conscience: il n'y a plus d'homme.

On croirait d'abord qu'il doit être d'autant plus facile à la volonté d'exercer un souverain empire; et cela est vrai, abstraitement parlant. Mais la volonté, telle qu'il la faudrait, n'existe plus; les forces physiques sont restreintes, et les puissances morales se nivèlent. Plus que jamais les valets font foule, mendiant un signe, se pavanant sous la livrée: seulement le maître manque.

Pour se tirer d'une aussi fausse position, il n'y a d'autre moyen que de fabriquer le pouvoir de toutes pièces, de morceaux rapportés, d'appeler et rallier des velléités fractionnaires, pour en composer une volonté totale, d'extraire enfin dans le creuset du scrutin législatif, de tous les intérêts spéciaux qui s'y mêlent et s'y fondent, l'esprit de l'intérêt général.

La France doit à l'application de cette méthode, lors de la restauration, d'avoir été préservée de ces mouvemens déréglés de l'un ou l'autre parti, de cette influence déloyale ou insensée de tel et tel ministère, qui déja auraient renversé plus d'une fois et le trône et l'autel.

Mais cette invention, qui sauve l'Etat de tant de risques inhérens à la position des choses, ne saurait le garantir des malheurs occasionnés par l'abus qui serait fait d'elle-même : plus le principe est doué d'énergie, plus il importe de le conserver dans toute sa pureté, dans toute son intégrité.

Le levier représentatif peut être comparé, pour la puissance, au levier d'Archimède. Qu'on lui prête un point d'appui, et il remue, il bouleverse le monde.

Voyez l'Angleterre défier une masse d'ennemis, se raffermir sur ses ruines, et commander la fortune; voyez les Etats-Unis rallier des cultes jaloux, civiliser les déserts et disputer les mers ; voyez la constituante saper, miner, raser de fond en comble l'antique édifice de la religion, de la monarchie, de la propriété, et la convention noyer la patrie sous un déluge de sang, vomir sur l'Europe toute une nation acharnée.

Bonaparte lui-même à qui il fut donné de se jouer de toutes les lois de l'ordre social, tant qu'il ne se révolta pas contre les lois de l'ordre éternel, avait compris que nulle volonté, nul génie, réduits à leurs forces intrinsèques, n'étaient capables d'envahir cette puissance exorbitante. Bonaparte avait respecté les formes du mécanisme constitutionnel, prenant soin seulement de se tenir au centre et d'en diriger les mouvemens.

Or, les noms changent, les titres changent et les passions demeurent. C'est ainsi que, dès son avènement, le ministre se dit en lui-même :

« Le calme plat succède aux tempêtes, la nation est lasse et les factions s'amortissent ; il n'y a plus de chances pour les libéraux : il ne faut que des faveurs aux royalistes.

« Le système constitutionnel ne prend pas ; les corvées sont pour tous, les bénéfices pour peu : l'envie et la fatigue le repoussent. Rien n'est changé que la forme.

« Un soldat triompha dans des circonstances analogues : la ruse équivaut à la force. C'est à l'une ou à l'autre qu'échoient tour-à-tour les rênes de l'Etat. Osons seulement (1). »

Et bientôt là dissolution est prononcée; bientôt les trames de toutes sortes s'exercent dans les élections.

Il faut étouffer les lumières, fourvoyer les consciences, exciter et flatter les intérêts; il faut semer l'épouvante en faisant jouer les vains fantômes de la révolution, de l'usurpation et d'un certain ministère; il faut neutraliser les voeux les plus opposés en ne laissant à personne, l'espoir de gagner au changement.

Puis les menaces et les promesses pleuvent, s'adressant à ceux qui ne songent qu'à conserver, à ceux qui aspirent à s'élever : tel ou tel est certain de garder sa place; trois ou quatre autres sont sûrs d'obtenir la même place, toujours sous la condition de donner leur blanc-seing à remplir.

Les faits sont avérés. Et cependant un acte qui les laisse tous en arrière, qui devait les noyer tous dans la mémoire, n'est pas généralement connu, sans doute parcequ'il était trop difficile de lui porter croyance; il se revèle dans la circulaire d'un commandant de département, le plus franc et le plus noble des hommes, dont la signature ne put y

(1) Les Scrupules d'un Electeur (février 1824).

être apposée que par le sentiment impérieux du devoir militaire, et à qui une tâche aussi rude ne fut infligée qu'afin de colorer la mesure, du reflet de loyauté inhérent à son caractère.

« Je vous prie, si votre intention est, comme j'ai tout lieu de le croire, de vous rallier à ceux qui voteront pour les candidats présentés par le gouvernement, de me mander que vous en prenez l'engagement. Je ne vous dissimulerai pas que tout autre vote, même en faveur d'un candidat connu par son attachement au gouvernement du Roi, ne pourrait être considéré que comme *hostile.* »

Mais l'honneur français ne se domte pas, ne se courbe pas aussi facilement. On craint qu'il ne fasse résistance; on se rejette sur cette méthode plus efficace et plus expéditive, qui procède par la simple voie d'addition et de soustraction, en émargement des registres électoraux. Le papier boit et le temps vole; c'est justement ce qu'il faut.

Le mot d'ordre est donné aux préfets qui répondent dignement à l'appel. « Faites votre métier; éconduisez les uns, épouvantez les autres; n'épargnez pas l'astuce : toutes les voies sont bonnes; vous pouvez compter sur la récompense.»

Et les élections n'offrent que le hideux spectacle de gens votant sans en avoir le droit, de gens ne votant pas, bien qu'en ayant le droit, enfin de gens votant par faiblesse ou par cupidité, en sens contraire de leur opinion, de leur conscience.

C'est-à-dire, pour se servir de l'expression d'un homme de génie, que tout ce que deux ou trois siècles du système représentatif chez nos voisins, ont produit en corruption, en dépravation, est entassé et amoncelé en peu d'années sur le triste sol de la France.

Or, il se peut que le ministre soit parvenu ainsi à proroger son éphémère existence. L'éclair qui s'échappe du plus lugubre nuage va porter l'apparence d'un rayon de soleil, va prêter quelque mouvement de vie, à l'insecte gissant sur le sable, tandis que l'aigle des Alpes n'est frappé à son aspect, que du présage trop certain d'un épouvantable orage.

A la manière dont les choses ont été conduites, on croit voir l'intendant d'un grand seigneur qui, dominé par le désir de se soutenir en faveur, congédie les fermiers les plus solvables, expose les fermes à l'encan, les livre au dernier enchérisseur, et, au lieu de cautions, n'exige que de lourds pots-de-vin, afin de gonfler les recettes et de brillanter son compte.

Mais attendez. La dépense s'élève en proportion, les rentrées fictives se consomment; et, lorsqu'il revient des pays lointains, le maître ne trouve plus en ses domaines que des pertes à subir, que des avances à opérer; trop heureux encore si la terre, épuisée par une culture forcée, doit répondre, avec le temps, aux soins, aux frais qui vont y être consacrés.

Voyez comment le flot superbe de l'Océan s'élève du fond des abîmes, mugit aux confins de l'horizon, précipite sa course, et s'épuisant par son effort, vient se réduire sur le rivage en une mince lame d'eau, tandis qu'un autre flot de même origine lui succède, plus impatient, plus bouillant encore, et le poursuit, le pousse, le serre de près, jusqu'au moment où il doit l'engloutir sous une montagne d'écume.

Telle est la marche du fait, dans l'ordre social.

Si la puissance du fait s'exerce en dehors de notre sphère, à part de nos relations, ce n'est pour nous que de l'histoire. Et traduite par-devant les bancs de l'école, donnée pour thèse à la vaine controverse, l'arrêt de condamnation passe à l'unanimité ; l'anathème lui est lancé.

Il suffit à nos spéculateurs en sophismes, dignes émules du docteur subtil, d'un trait de plume, pour imposer une limite irréfragable au mouvement général et constant de la nature; de quelques gouttes d'encre pour éteindre ces volcans politiques qui font explosion de temps à autre, destinés à recharger le sol d'une lave enflammée, à déplacer les montagnes et les vallées, à transformer la face du globe.

Vainement la justice et la raison pourront en patir. Leurs adversaires ne cèdent qu'à la force; ce sont de nobles instincts, des systèmes obstinés que froisse et choque tour à tour l'invasion de la puissance du fait.

Rien ne doit bouger; la hiérarchie des choses sera incommutable, comme celle des idées. Que l'Amérique reste colonie *in æternum*; que les noirs, esclaves-nés, meurent esclaves; que les Grecs, race ressuscitée de héros, les uns sur les autres immolés, se montrent enfin race de martyrs; la terre, indigne de les porter, fait un appel au ciel, pour qu'il les recueille au plus vite.

Mais quel changement de scène va s'opérer à vue! La puissance du fait, semblable aux figures fantasmagoriques, s'avance vers nous et bientôt plane sur nos têtes : elle prend un autre caractère, elle devient la puissance de fait.

Aussitôt, son action pénètre jusqu'aux fibres les plus secrètes, et crée des rapports nouveaux, altère la pensée, offusque la mémoire, maîtrise la volonté; tout ploie, tout cède. Et l'indolence caresse le joug; la pusillanimité se tient calme sous les chaînes, de peur d'être blessée par leurs éclats.

Comptez-lès, ces hommes d'honneur qui n'ont pas incliné le genou devant l'escabeau recouvert de velours, qui n'ont pas lâché aux pieds du bourreau de notre pays, le serment d'allègeance, qui ne se sont pas vus contraints à débuter par un parjure, pour obtenir le droit d'être fidèles : comptez-les, ceux qui ont enfoui leurs talens et récusé leurs destinées, plutôt que de conférer l'investiture du droit à la puissance de fait.

On croiroit que toute l'influence efficace est réservée au fait, qu'une autorité infaillible est conférée à ce qui est : sous le coup du fait, l'idée rentre et la parole se retourne; en présence de ce qui est, il ne demeure ni respect pour ce qui a été, ni regret pour ce qui devait être. Le fait ensevelit le droit; ce qui est dispose de ce qui sera.

Ainsi les députés, tels qu'ils sont sortis de l'urne électorale, à travers tant de fraudes, en dépit de tant de nullités, s'assemblent, se réunissent, se fondent en un corps, s'animent du même esprit. Quelques plaintes percent, quelques blâmes circulent, quelque embarras apparaît : mais comment reprendre l'édifice en sous œuvre ? Comment trier l'ivraie et le bon grain ? L'avenir répèterait le passé, et le temps ne revient pas.

L'influence du fait triomphe; les élections sont légalisées; les titres respectifs sont sanctionnés, sous forme d'échange. La Chambre se constitue.

Que le ciel nous garde des conséquences! Un tel exemple menace d'être fatal; car enfin il aura proclamé à la face du monde, ou que la loi outrepassait ses pouvoirs, en désignant telles ou telles existences sociales pour remplir les fonctions d'électeurs, ou que les agens de l'Etat accomplissent leurs devoirs, en méprisant et violant les expresses injonctions de la loi.

Le ministre a frayé la route tracée par ses devanciers : quel sera le terme où s'arrêteront ses successeurs? On a vu les royalistes proscrits de la cité et traités en ilotes; on voit les libéraux expulsés et presque extirpés du sol légal : quelle sera la borne où s'amortiront les représailles alternatives?

Le fait reste; le précédent est établi : tout devient licite et légitime, s'il faut porter foi au dogme parlementaire. Chaque ministre se voit maintenant en droit d'explorer, d'exploiter à son gré le terrain volcanique de France.

Toutefois la composition de la Chambre est généralement respectable : l'intrigue a été restreinte sous certaines limites, et fut exercée plutôt dans le sens des exclusions que dans celui des admissions. Le but est de même atteint.

Une immense majorité de députés est acquise au ministre par le souvenir de la noble lutte qu'ils soutinrent en même temps que lui; par la confiance que leur inspirent son caractère et son talent, par l'inquiétude qui les tourmenta longtemps, et ne se calma qu'à son avénement.

Les succès de la guerre d'Epagne, dont il cherche à s'approprier la gloire; les progrès de la prospérité nationale, dont il prétend s'attribuer l'honneur, servent comme de véhicule à son ascendant. Et, s'il faut le dire, le projet de la septennalité lui soumet les esprits les plus réfractaires qu'assouplit l'intérêt, les cœurs les plus généreux, que trompe l'espoir d'un long repos.

En outre, la Chambre est imprégnée d'idées générales et abstraites dont les nuances fort diverses ne sont susceptibles de se fondre et s'allier, que sous l'adroite main d'un conciliateur : la Chambre est ballottée par le flux et reflux des passions que la duplicité trouve le moyen de tromper avec des phrases, de séduire par les apparences.

Telle est la destinée de tous les corps, que l'homme qui n'a qu'un but, qui va droit au fait, les dompte en se jouant.

Entre les législateurs qui tiennent à des principes, à des systèmes, à des intérêts peut-être, choses assez sujettes à s'embrouiller dans la tête du patient, et le ministre qui ne tient qu'au pouvoir, il y aura des concessions, des transactions: dans la forme, ceux-là seront flattés; au fond, celui-ci l'emportera.

La confection des lois devra s'opérer comme par une sorte d'imbroglio, le diseur gardant son entente à part, et les auditeurs concevant une toute autre idée. Quelques exemples en apportent la preuve la plus signalée.

S'agit-il de la septennalité? les boules blanches s'amoncèlent, impatientes de garantir la stabilité du trône, la sécurité des peuples. Et le ministre dit en lui-même : « La Chambre se livre à moi : mon successeur la dissoudrait. »

S'agit-il de l'indemnité, les boules pleuvent, jalouses de participer à l'œuvre de justice et de paix. Et le ministre dit : « Mon empire est assuré: un tel don ne rencontre point d'ingrats. »

A l'égard des projets de finances, le scrutin n'en adopte que la lettre, n'y saisit que des offres bénévoles et des chances propices; tandis que le ministre prétend fonder un point d'appui pour agiter, pour agioter sans fin.

Or, dans un tel état de choses, la critique est libre en son essor, et peut prendre le vol le plus étendu, sans crainte d'aborder du bout de ses ailes, les sommités de la puissance parlementaire. C'est un devoir qu'elle remplit, plutôt qu'un droit qu'elle exerce, en analysant le texte matériel des lois et le confrontant avec l'intention morale qui les dicta, en développant leurs conséquences funestes, dans la vue de les ramener à leur principe essentiel.

La critique se revêt du caractère de l'hommage, et sa témérité n'atteste que la confiance, n'est excitée que par les espérances.

Cela passerait toute conception humaine, que les lois, tant de fois attaquées et bouleversées depuis 1789, dussent être frappées du sceau de l'infaillibilité, au moment même où le péril qui en résulte se montre le plus imminent. Et la simple vérité, seule puissance capable d'entrer en lice avec l'éloquence, n'encourt aucun risque en posant à titre d'axiome cette imitation libre d'une pensée de M. le vicomte de Bonald :

« Comment les Chambres auraient-elles horreur de quelques écrivains qui ont des yeux pour voir, des oreilles pour entendre, et une langue pour parler ? Il faudrait les supposer aveugles, sourdes et muettes. » (1)

---

(1) (Texte original.) « Comment les Chambres auraient-elles besoin des yeux de quelques écrivains pour voir, de leurs oreilles pour entendre, ou de leur langue pour parler ? Il faudrait les supposer aveugles, sourdes et muettes. » (Extrait de *la Quotidienne* du 17 mars.)

La Chambre a été cassée et remplacée ; la session de 1824 va s'ouvrir. Il faudra que le ministre s'explique à la tribune : mais que l'oreille n'écoute pas afin que l'esprit entende ; les phrases n'ont d'autres fonctions que de voiler la pensée. Interrogez plutôt les faits, leur langage n'est pas équivoque.

« Messieurs, le projet de loi n'a pas été présenté à l'ancienne Chambre ; elle eût été dissoute ensuite, et n'en eût pas profité : donc il aurait été rejeté par elle. »

« Nous le proposons à la Chambre actuelle ; elle ne peut être dissoute et doit en profiter : donc il sera accepté par elle. »

Un tel argument serait irrésistible dans la logique des intérêts ; mais la conscience le réfute, le retorque aussitôt, et sa réponse est courte.

« Monsieur, l'ancienne Chambre était impartiale dans les débats. Si vous l'avez dissoute, c'est qu'elle aurait repoussé votre projet ; et si elle devait le repousser, c'est qu'il n'était pas dans l'intérêt général ; et s'il n'est pas dans l'intérêt général, nous ne pouvons l'accepter que pour notre profit personnel. Renvoyez-nous bien vite à nos pénates (1). »

C'est ainsi que les choses allaient se passer, si la politesse française n'eût répugné à donner un aussi rude démenti. Elle tolère la discussion ; elle en ignore les dangers.

Quel beau sujet d'amplification ! Les raisonnemens ne manquent point, seulement ils portent tous à faux : le fait qui leur sert de base est controuvé, inventé à plaisir. Jamais le cinquième de la Chambre n'a été éliminé dans les élections annuelles ; les trois-quarts des députés sortant ont toujours été réélus, et sont encore plus certains de l'être, depuis la nouvelle loi des élections.

Ainsi la Chambre ne devait être altérée annuellement que par la fusion d'un vingtième qui était bientôt absorbé, assimilé à la masse : ainsi la Chambre, sauf une modique fraction, restait homogène, identique.

On gémit de voir que la justice politique ne veuille pas s'asservir au mode usité dans la justice criminelle, ne veuille point reconnaître le point de fait avant de résoudre le point de droit.

---

(1) Les Scrupules d'un Electeur, pag. 9 et 19.

La septennalité est adoptée. Son effet inaperçu, dans le moment, et peut-être encore méconnu, tend à dénaturer les conditions essentielles de la monarchie représentative, à faire passer la France, tôt ou tard, sous le joug de cette loi inexorable, qui domine depuis un siècle les destinées de l'Angleterre.

« Avec la septennalité, ayez tel ministre que ce soit; il corrompt : avec la septennalité, ayez telle Chambre que ce soit; elle se corrompt. »

La période de sept ans vaut une vie, et plus qu'une vie moyenne pour l'ambition et la cupidité qui s'enivrent, pour la nonchalance et l'ineptie qui s'endorment : et comment doit tourner une vie que nul contrôle ne surveille, que nul blâme ne réprime, qui n'est menacée pour toute vengeance au terme fatal, que de l'oubli.

Qu'on le demande aux ministres de la religion, si dans un culte où s'ajourneraient à une époque indéfinie, les instructions, les remontrances, les punitions, le jour du jugement dernier ne serait pas attendu patiemment par l'impénitence finale.

Qu'on le demande à ces âmes d'autant plus timorées, qu'elles sont plus pures, si tout leur soin n'est pas d'appeler les conseils, de s'entourer de barrières, ne jugeant pas possible de comprimer par un acte de la volonté, ces instincts facgtieux qui disposent souvent de la volonté même.

Laissons ces vains propos. Le scrutin, plus expert à sonder les abîmes du cœur humain, a prononcé que la conscience était trop chargée de chaînes; que l'honneur, les mœurs, l'esprit de famille et de corps, puissances dominantes du dix-neuvième siècle, entravaient déja la liberté de ses nobles mouvemens, et qu'il devenait urgent de la débarrasser du joug de toute institution sociale.

Maintenant la volonté est une, et la puissance est infinie : ce sont presque les attributs de l'Etre-Suprême.

Des habitudes vont se former, des traditions vont commander. L'homme est l'enfant du temps; les circonstances moulent à leur gré et modèlent sous toutes les formes, cette pâte molle.

Les lois seront rédigées dans le secret du cabinet, seront convenues d'avance entre les hautes parties contractantes. Après quelques motifs débités à la tribune, quelques discours prononcés dans le désert, viendra le moment de voter; et là, les opinions reprendront la jouissance du libre arbitre, sous la seule condition que les votes obéiront à une toute autre règle.

Mais bientôt l'astre de la septennalité aura atteint son apogée et sera entré dans le décours.

Tout change sous cette phase nouvelle : la tribune brûle et les boules tournent au noir. Il se peut même que la raison et la justice aient à en souffrir ; le hasard voudrait-il qu'elles fussent du bord ministériel, tant pis pour la raison et la justice.

A l'approche des élections, les consciences les plus endurcies deviennent susceptibles et irritables à l'excès : la mémoire se retrouve ; et si le remords, venant à surgir dans leur sein, commande une victime expiatoire, quel sera le bouc d'Israël ?

C'est dans ces temps que seront dévoilés au grand jour les vices monstrueux de la septennalité.

Les désastres surpasseront toutes les inquiétudes, ainsi que les succès ont dépassé toutes les espérances. On craignait la fièvre des élections ; quelques grains d'opium ont été administrés, et le cours du sang s'est figé sur l'heure ; on craignait les influences d'une opinion sans cesse agitée ; il a suffi d'un coup de massue pour lui rompre les reins, pour l'écraser contre terre.

Et voyez comment l'être social, après avoir subi l'opération, devient robuste ; voyez comment toute la vtalité remonte à la tête, se concentre dans le *sensorium commune* des Chambres, tandis que les membres, frappés d'atonie, se laissent traîner à la remorque.

Nous en sommes là. Ce siècle de sept ans, cette ère de prescription, attère ou irrite les esprits.

D'un bord s'engendrent et se propagent l'apathie, l'incurie, la paralysie intellectuelle. Doit-il survenir quelque malheur, quelque chance seulement, l'Etat ne compte plus; chacun a été exilé en ses foyers et s'y tient cloué. Le peuple a reçu sa démission; y a-t-il moyen de se passer de lui? Ne nous plaignons pas. Sera-on forcé de le rappeler? Craignons tout.

De l'autre bord s'aggravent et s'invétèrent les haines, les défiances, les répugnances même, qu'il a fallu tant d'art pour ressusciter. Le parti libéral renforce et resserre ses rangs; il se meut comme un seul homme : c'est une nation organisée au sein d'une masse inorganique. Tout prétexte suffit, toute occasion sert.

Or, tant que des périls de toute sorte restent suspendus sur nos têtes, qui dira si la frayeur, de jour en jour exaltée, ne doit pas recourir enfin à ce moyen peut-être légitimé par l'imminence du risque, à ce remède propice pour l'instant et funeste à jamais, à la prorogation des pouvoirs, à l'établissement du long parlement, (en anglais *Rumpf parliament.*)

L'idée n'en est pas venue, n'en viendra pas; la vue de l'homme porte en arrière, et ne perce point en avant. C'est la nécessité qui voit pour lui, qui agit sous lui, qui le saisit, l'enlève à l'heure marquée, et le jette au loin de ses vœux, par-delà ses craintes.

Les expropriés et les réintégrés, les héritiers, donataires et créanciers, les contribuables, les rentiers, les acquéreurs de biens nationaux; toute la société est mise en cause.

La justice absolue ne se prononce que sur le principe; des questions multiples doivent être réglées par la justice relative.

Il s'agit de ressusciter des droits éteints; d'établir un règlement d'ordre, d'opérer la création d'une propriété nouvelle.

La loi exerce un pouvoir discrétionnaire en dispensant aux uns ou aux autres, telle quotité des bénéfices et des charges.

Et ni les faits ne sont recueillis, ni les temps appréciés, ni les parties entendues.

Quelques papiers poudreux de l'enregistrement, un trait de plume du directeur général, décident de tout.

Aussi, dans la chambre élective, le projet est réformé tantôt en bien, tantôt en mal: et sans la lassitude, il était refondu en entier; sans l'inquiétude, il était ajourné à la prochaine session.

Aussi à la Chambre des Pairs, après un rapport, où s'exerce la plus juste critique, où se déploie la plus noble éloquence, l'adoption n'est proposée qu'en déclarant, que dans cette circonstance, la Chambre devait user avec une extrême réserve du droit d'amender les lois.

Cependant il y a une loi.

Mais qu'en résulte-t-il? En premier lieu, que les acquéreurs restent nantis des biens; en second lieu, que les contribuables et les rentiers payent les frais. Et Dieu garde de dire un seul mot à cet égard, de regretter que l'avis impartial du *Constitutionnel* ne soit pas parvenu à son adresse. « Quoi! le fardeau de l'indemnité serait supporté par les rentiers! sont-ils donc acquéreurs de domaines nationaux? (29 Mars 1824).

Il y a une loi. Mais de quoi se compose-t-elle? Du principe qui la motive, des conséquences qui en dérivent. Sont-ils en harmonie? il faut se taire. Sont-ils en opposition? il faut parler. Le principe est d'ancienne extraction; il a la possession incommutable: Dieu garde de lui manquer de révérence au point de ne point prendre sa défence contre quelque atteinte que ce soit.

La loi émane du droit de propriété et tend à la

restauration de la propriété, c'est-à-dire à la réintégration à l'amiable des propriétaires, dans leur patrimoine.

Tel est le seul titre dont soit investi la loi, tel doit être son esprit. Et ce ne fut qu'au dernier jour qu'un éclair de lumière resplendit, pour s'enfouir aussitôt sous les ténèbres.

Or, les faits parlent. Toutes les transactions ont cessé, l'origine des acquêts semble consacrée, des personnes tierces achètent sans scrupule; les possesseurs cumulent les bénéfices de la plus value avec le repos de la conscience : et quant aux expropriés, par une fiction quelque peu hardie, la loi les déclare soldés, désintéressés, satisfaits et contents.

En sorte que l'embryon de loi; mal conçu, mal couvé, n'a produit qu'un avorton.

La loi émane du droit de propriété.

Delà, les individus qui sont rentrés dans leurs biens par la voie de rétrocession, qui sont redevenus propriétaires, se trouvaient hors du domaine de la loi.

« Le sol natal est rendu à ses enfans; la terre est retournée au plus faible; le lien social s'est renoué; leur malheur ne sort plus de la classe commune. » (Exposé des motifs.)

Si tous les expropriés eussent été réintégrés

soit à titre gratuit, soit à prix d'argent, l'idée ne serait venue à personne de créer une indemnité. Ecus et écus se valent : il y a perte d'écus pour eux, comme pour tant d'autres. Dans l'être social la confusion s'opère de plein droit.

Et la somme de l'indemnité restant fixe, ce qui est payé à ceux-ci en sus de leurs droits, est dérobé sur la part légitime qui échoyait à ceux-là.

La loi tend à la restauration de la propriété.

Il ne devait être fait aucune exception à cette règle : il n'en a été fait que deux ; mais ces deux exceptions embrassent tous les cas existans, anéantissent la règle même.

Les rentes sur l'état tant de fois décimées, ne sont point restituées ; les biens affectés aux hospices, de par l'Empereur, ne sont point restitués. L'état se refuse à toute restitution quelconque ; l'exemple menaçait d'être contagieux.

La loi, jetée dans une fausse route, côtoie constamment les bords de l'abîme.

Ainsi, les donations seront valides, et les renonciations irrévocables, bien que l'intention seule leur imprime un caractère sacré, et que l'intention ne se soit jamais portée sur une chance inabordable à toute prévision humaine.

Ainsi, le capital des créances sera payé intégralement, bien que leur masse, évaluée à cinq cents millions par le ministre, doive absorber la moitié de l'indemnité; bien que la liquidation du prix des biens doive s'élever rarement au denier 15 ou 10 du revenu ancien, et s'abaisser souvent au denier 5, au denier 1, et même au-dessous.

Ainsi, l'Etat prélève et retient par ses mains, en 3 pour 100 au pair, c'est-à-dire en numéraire, au dire du ministre, le montant nominal des liquidations faites, dont le coût moyen ne lui revient pas au dixième, valeur réelle.

Telles sont les prescriptions imposées en vertu du droit commun. Or, le droit commun n'a-t-il pas été lui-même banni, interdit, frappé de mort civile? Qu'il soit réintégré aussi, qu'il règne pendant de longues années, rien ne sera plus heureux: seulement les temps de son exil seront mieux régis par une puissance qui ne brouille pas tout en réglant tout, qui dénoue plutôt qu'elle ne tranche, par le sens commun.

Mais est-ce qu'on écoute, est-ce qu'on entend? « Mon siége est fait; il m'a pris assez de temps. »

Cependant, en traitant du mode de liquidation, le ministre laisse percer un cri de détresse: « C'est une mesure qui n'entreprend pas moins que de venir, après trois ans, presque sans documens possibles, réparer une injustice. » (4 mars 1825.)

Il dit, et part de là pour se refuser à toutes les

informations, pour rejeter tous les renseignemens, pour n'écouter aucunes réclamations. L'affaire est bâclée à huis-clos ; l'Etat envahit toutes les fonctions : il joue tour-à-tour le failli, le syndic, le juge. Quant aux intéressés, ils seront appelés en temps utile. On aura traité d'eux, chez eux, sans eux.

Une telle conduite eût paru trop étrange, si l'exposé n'en donnait les motifs. Suivant lui, il fallait trouver des bases positives, uniformes, dont l'application se bornât à une opération matérielle : et ces bases uniformes ne pouvaient s'extraire des faits les plus variables ; cette opération matérielle devait être repoussée par les patiens long-temps abusés. Il y avait force majeure pour fermer les yeux, pour se boucher les oreilles.

Les colons ont été plus heureux : une commission est chargée de l'évaluation ; tous les documens sont accueillis ; l'enquête testimoniale est permise. Mais Saint-Domingue est sous la main, comme on sait, tandis que les biens d'émigrés sont enfouis sous terre.

Du reste, l'opération matérielle n'a réussi jusqu'à présent qu'à promener le titre identique de l'indemnité entre le maximum du denier 20 et le minimum du denier $\frac{1}{20}$, c'est-à-dire dans la proportion de 400 à 1.

Il convient de citer quelques faits avérés.

Des biens produisant 1200 francs de revenu donnent une indemnité de 36 fr. de rente, en 3.

Des biens vendus en 1810, et payés en numéraire, sont liquidés à la moitié de leur prix, en 3.

Une famille rentrée dans sa propriété en 1801 reçoit le triple du prix déboursé.

Une fortune de 400,000 francs est évaluée à 75,000 fr.; et le fisc, après avoir déduit 21,000 fr. pour dettes, retient 52,000 fr. pour le capital intégral de 866 fr. en tiers consolidé, transféré en l'an XI.

Il semble que l'évènement, maintenant incontestable, se soit montré jaloux de réaliser et de manifester la vérité de ces paroles, écrites pendant la discussion :

« Tu ne rentreras point dans tes champs, tes maisons; tu ne participeras pas à la plus value de tes biens, au-dessus du prix coûtant, acquise à l'aide du temps et accrue par les effets de la loi. Tu ne toucheras pas le montant de leur estimation en valeur réelle de 1790 ou en valeur de 1825 réduite d'un tiers, ni telle ou telle portion de ces valeurs.

« Tu recevras seulement, soit le prix de l'évaluation simulée en valeur de 1790, tantôt exagérée par l'influence de la dépréciation, tantôt ravalée par les manœuvres de la cupidité; soit le prix de l'adjudication souvent privée de concurrence, et portée aux taux les plus disparates, d'après la position des affaires et l'opinion des provinces.

« Tends la main, tu reçois le solde de ta ruine (1). »

---

(1) Du Projet d'indemnité, sous le rapport de la justice relative.

Le ministre est de l'école de Locke; le prestige de l'association des idées ne lui est pas inconnu. Qu'un pharmacien prenne deux drogues, l'une douce, l'autre amère, et qu'il opère leur mixtion : le bol presque insapide n'irritera point les houppes nerveuses, ne s'arrêtera point en travers du gosier.

Chaque année porte sa peine et son plaisir. La septennalité et l'indemnité apparaissent tour à tour avec leurs sœurs utérines, la réduction et la conversion. Si ces derniers projets sont peu convoités, peu compris même, le ministre ne s'en inquiète nullement. « Le pacte est fait, se dit-il, la Chambre s'est donnée à moi : il y a un prix payé comptant, un terme fatal fixé ; rien ne manque aux conditions d'usage. »

Il ne s'était jamais vu un exemple aussi frappant des hasards de ce bas-monde : la réduction n'est adoptée qu'à-demi, et son effet s'accomplit en entier ; la conversion se voit revêtue de toutes les formes, et son résultat est presque nul. Il est vrai que tout le mal à faire était fait.

Or, à l'égard de ces nouveautés, de ces étrangetés plutôt, il serait inutile de redire ce qui a été dit, d'autant que l'ordre de ne rien lire, imposé dès les premiers momens, n'est pas encore abrogé qu'on sache. Et ce fut un coup de parti : une seule exception perdait la règle ; la moindre réflexion détruisait toutes les combinaisons. Il eut suffi peut-être que la pensée s'exerçât, sur les premières lignes publiées à ce sujet.

« C'est avec une certitude parfaite que les fidèles sujets de votre majesté osent se promettre qu'à l'égard des mesures prises pour rembourser les rentes dues par l'état, ou, pour en obtenir la conversion en des titres moins onéreux, il leur sera fait des communications développées qui établissent d'une manière incontestable, en premier lieu, que cette opération est conforme aux rigides lois de l'équité, la faculté du remboursement ayant été expressément réservée dans les contrats primitifs, ou étant implicitement reconnue par l'effet d'un usage immémorial ; en second lieu, qu'en tout état de choses, et même dans l'occurrence d'une crise imprévue, il est impossible que le crédit public et les fortunes privées en souffrent la moindre atteinte ; en troisième lieu, qu'il ne peut exister aucune combinaison plus simple, plus sûre et plus prompte, pour alléger le trésor d'une part égale de ses charges, sans que le rentier soit dépouillé du cinquième de son revenu accoutumé ; sans que l'émigré soit renvoyé à un terme indéfini, avant d'obtenir quelques modiques secours (1). »

Le ministre ne daigna pas écouter. Et maintenant que la crise s'est accomplie, il va balbutier des excuses, comme a fait son collègue d'outre mer, en répondant à M. Tierney. « Voilà les rentiers spoliés pour jamais d'une part de leurs revenus ; et pourquoi ? parce que le pays était dans une veine de glorieuse prospérité, *qui a duré neuf mois.* »

L'espace de neuf mois est érigé en la valeur d'un siècle, à peu près comme le trois fut installé au pair de cent. La chance de l'instant dispose des destinées pour jamais ; et cette veine de glorieuse prospérité, apparemment trop gonflée, aussitôt qu'elle est ouverte par la lancette du fisc, s'épuise, se tarit.

« Hélas ! s'écrie avec l'accent de la contrition, le chancelier de l'Echiquier, je ne prétends pas

---

(1) Projet d'adresse de la Chambre, etc. ; 26 mars 1824.

nier les souffrances de notre pays. Mais si le feuillage de l'arbre est flétri, si ses branches sont desséchées, le tronc conserve encore de la sève, et les racines ne tarderont pas à puiser dans le sol une nouvelle vie..... Au reste, nous avons agi *bonâ fide.* » (Étoile du 5 mars 1826.)

C'est donc un talisman que ce mot. Le frater du village voisin est appelé et accourt, le rasoir dans une poche, le bistouri dans l'autre : une nouvelle mariée, enceinte depuis peu, s'inquiète de l'ampleur inaccoutumée de son ventre et se trouble aux soubresauts irréguliers du fœtus. Comment, dit notre homme, après avoir tâté et sondé, vous êtes grosse de dix mois et plus ; l'enfant ne peut venir à bien, votre conformation s'y oppose. Et sur l'heure, retroussant sa manche, empoignant ses outils, il se met en devoir d'entreprendre l'opération césarienne. On devine le résultat : la malheureuse souffre le martyre et périt.

Je ne prétends pas le nier, répète encore le frater, en suivant le convoi. Mais..... nous avons agi *bonâ fide.*

Ainsi, le crédit enfin conçu dans les flancs de la monarchie, se nourrissait, se fortifiait de jour en jour, promettant d'être bientôt rendu au terme. Qu'on en croie au moins le ministre : La rente, disait-il le 5 avril 1284, serait à 110 et 115, si la loyauté du gouvernement ne l'eût porté à laisser pénétrer ses intentions. »

Peut-être chiffrait-il quelque peu haut, peut-être la phrase était-elle plus vraie, en la retournant : « la rente serait encore à 90 et 95, si les artifices du ministère n'avaient réussi à égarer les imaginations. »

Mais les années ne s'écoulent point en vain sous les auspices de la paix, sous les présages du calme, sous les garanties d'un sceptre révéré. Personne ne peut douter qu'en 1826 ou 1827, la rente aurait atteint 110 et 115.

« Et tel est le caractère des œuvres du temps, qu'elles s'opèrent sans injustices, sans infortunes, qu'elles se consolident à demeure, étant en alliance naturelle avec le mouvement des choses et des esprits.

« Or, qui ne veut pas cela ? Qui veut tout faire et ne laisser rien à faire ? Qui veut tout pour le présent, où rien ne se fait qu'à grand'peine, qu'à grand risque; et ne veut rien pour l'avenir, où tout se ferait sans soin et sans péril ?... Un homme, un seul homme ! (1). »

L'homme a prévalu ; devant son mauvais génie

(1) Discussion sur les Rentes ; 1824.

les destins généreux se sont retirés, et le laps de deux années, agissant en sens inverse, ramène la rente au point du départ, à la côte de 95.

Il faut maintenant que le temps se mette à travailler, sur nouveaux frais, à ouvrir et ameublir le sol, recouvert de ronces, au lieu d'engranger une abondante moisson. Et c'est à peine si les saisons les plus propices lui prêteront quelque aide, le flatteront en ses espérances.

Le projet de réduction, arrêté au moment de porter le coup fatal, n'a point spolié les rentiers pour jamais, d'une part de leurs revenus; mais il a spolié leur existence, du repos; il a spolié le crédit, de leur confiance, de leurs capitaux.

Son apparition jeta l'épouvante; l'alerte se mit au camp; la peur fit plier bagage, et les déserteurs, mal revenus de la première impression, ou engagés sous d'autres drapeaux, ne sont point tentés de se rallier au corps de l'armée.

On n'avait point encore entendu un tel cri de détresse; on n'avait point vu le vertige s'emparer ainsi des esprits. Il faut se ruiner, afin de n'être pas ruiné; il faut s'échapper à tout prix du gouffre de la rente; il faut se jeter tête baissée parmi les entreprises nouvelles, sur des emplois quelconques. Il n'y en aura pas pour tout le monde.

Oserez-vous régler le compte de profits et

pertes? Le déficit est énorme; et, pour retrouver les valeurs primitives, vous auriez à fouiller dans les fondemens des bâtisses, dans l'obscurité des arrière-boutiques, dans les exploits d'huissier et les arrêts de cour. La fatalité a précipité les capitaux déclassés, de Charybde en Scylla. Ils sortaient intacts; ils rentreraient mutilés.

Rejetterez-vous vos espoirs sur les fonds destinés à l'agiotage? Ils ont été brisés, broyés sous les meules impitoyables de cette machine qui fonctionne tantôt en hausse, tantôt en baisse, et toujours pour leur ruine. Un tel jeu de dupes repousse enfin les amateurs. Le géant est là, promenant sa massue sur toutes les têtes. Quel est le pygmée assez niais pour affronter ses coups.

Porterez-vous un regard de convoitise sur les capitaux de l'étranger? Tachez d'entendre enfin. Son aide a causé notre perte. C'est par le fait de ses achats que le cours a été poussé, forcé avant le temps. Et si l'étranger a réalisé dans les prix élevés, des fonds on été enlevés; s'il ne réalise que dans les prix actuels, le discrédit est aggravé : son entremise est aussi funeste, quand il perd que s'il gagnait. Ne bâtissez point sur un terrain creux; ne cimentez pas avec un sable volage.

Notre crédit est forclos; les cinq pour cent eux-mêmes n'aspirent plus les capitaux, au-delà d'une certaine hauteur, où le piston fixé à demeure, les refoule aussitôt. Le ministre a juré guerre à mort à la vieille rente, et tous les moyens lui sont bons; l'assaut et le blocus, la sape et la mine : il n'y a ni paix, ni trève. Elle ou lui doit périr.

Mais ce n'est pas sur le point isolé du crédit, dans un accès passager de manie, que s'exerce seulement cette méthode perturbatrice de gouvernement jusqu'à nos jours privée de modèle; et les saintes colères, les haines vigoureuses dont se sent possédée toute âme loyale, partent de plus haut, s'étendent plus loin.

Si l'arbre du crédit, dont le feuillage est flétri, conserve de la sève, et va puiser dans le sol, à l'aide de ses racines, une nouvelle vie ; doit-il en être ainsi d'une plante de nature plus délicate, de la plante du royalisme, qui, de nos jours, semée dans un terrain ingrat et endurci, n'a pu encore y jeter de profondes racines, et y alimenter sa sève long-temps languissante ? Ce sont les feuilles plutôt qui pompent sa nourriture, parmi les émanations de l'atmosphère : viennent-elles à se faner, à se flétrir, la tige naissante est bientôt desséchée.

Eh ! regardez plutôt : Voyez en tous lieux, de toutes parts, voyez ce que le ministre n'a pas vu;

ne voit pas, ne verra pas; car, sous les limites étroites du cerveau, où se confine sa faculté de perception, nulle fibre ne s'émeut à l'occasion des faits réels.

Aussi rien n'altère ses desseins, rien n'entrave sa marche, ni les plaintes et les résistances, ni les échecs, les périls, les remords.

A peine tracée par les jalons de la septennalité, la route de malheur se poursuit, s'élargit, s'aplanit de plus en plus, avec une activité progressive, avec une inflexible tenacité, jetant de droite et de gauche des rameaux de communication, tranchant et creusant jusque dans les entrailles du sol, déchiquetant en minces lanières, cette zone contigüe de masse et homogène de nature.

Bientôt on cherchera vainement, au doux pays de France, une habitude qui n'ait été froissée, une opinion qui n'ait été heurtée, un intérêt qui ne soit lésé, un sentiment qui ne soit blessé. C'est le lit de Phalaris qui se promène de la capitale aux provinces et du château à la chaumière, trop certain que son échelle d'airain ne doit pas rencontrer une existence justement taillée à sa mesure.

Il semble que le ministre ait reçu la vocation expresse de corrompre, dépraver, prostituer d'une part, et d'aigrir, d'irriter, d'exaspérer de l'autre;

d'exposer et livrer la religion aux luttes peu chanceuses de l'arène ; d'isoler la royauté derrière les remparts rasés du respect et de l'amour ; de travestir la Charte ; de profaner la loi, de violenter les mœurs, d'intervertir, de subvertir tout.

Et telle est la fatalité de ses destins, de nos destins peut-être (car le ciel n'a pas encore prononcé si la chaîne qui les unit devait se rompre, avant qu'ils soient engloutis au même abîme), que son intelligence n'a point été atteinte par cette parole aussi simple d'expression qu'éclatante de vérité :

« Il y aurait peu de sagesse à dire et redire habituellement à une société très vivace et très active, qu'elle n'est pas telle qu'on la voudrait et qu'on entend la refaire » (Séance des Pairs, 29 mars 1826.)

FIN.

A. PIHAN DELAFOREST,
IMPRIMEUR DE MONSIEUR LE DAUPHIN,
rue des Noyers, n° 37.

www.ingramcontent.com/pod-product-compliance
Lightning Source LLC
Chambersburg PA
CBHW070941280326
41934CB00009B/1973